AF163574

Natalie und Kevin Panek

Mi Casa Su Casa

Vegane spanische Tapas & Desserts

agenda

Natalie und Kevin Panek

Mi Casa Su Casa

Vegane spanische Tapas & Desserts

agenda Verlag
Münster
2024

Bibliographische Information der Deutschen Nationalbibliothek
Die Deutsche Nationalbibliothek verzeichnet diese Publikation in der
Deutschen Nationalbibliographie; detaillierte bibliographische Daten sind
im Internet über http://dnb.dnb.de abrufbar.

© 2024 (2. Auflage) agenda Verlag GmbH & Co. KG
Drubbel 4, D-48143 Münster
Tel. +49-(0)251-799610
info@agenda-verlag.de, www.agenda-verlag.de

Druck und Bindung: Standartu Spaustuve, Vilnius, Litauen

Satz & Layout: Maria Lourdes und Natalie Panek

Fotos: Natalie & Kevin Panek

Fotos Seite 7, 24, 59, 68 & 71 : Romina Nowosatko, photominagraphy.de

Illustrationen: Melina Westhoff, ycyoh.de

ISBN 9783896887092

Inhalt

Kalte Tapas – Tapas frias   10

Warme Tapas – Tapas calientes   25

Saucen & mehr – Salsas y más   58

Tapas Variationen – Variaciones de tapas   69

Nachspeisen – Postres   76

Vorwort

MI CASA SU CASA – dieses Motto wurde uns sprichwörtlich in die Wiege gelegt!

¡Hola! Wir sind Natalie und Kevin, vielleicht kennt ihr uns bereits von unserem Foodblog Panekowski auf Instagram. Aufgewachsen sind wir unter dem Einfluss der spanischen, neapolitanischen und polnischen Küche.

Angefangen mit einem klassischen, auf mediterrane Küche fokussierten Foodblog haben wir durch unsere Umstellung auf eine pflanzenbasierte Ernährung unseren Körper und auch die Lebensmittel, mit denen wir arbeiten, viel bewusster wahrgenommen. Die Umstellung führte natürlich dazu, dass wir viel herumexperimentieren mussten. In erster Linie haben wir unsere absoluten Lieblingsrezepte aus der spanischen Küche „veganisiert" und somit auch neu interpretiert. Wir waren anfangs sehr überrascht, dass einige traditionelle Rezepte unserer Abuela (Großmutter) „aus Versehen vegan" sind oder wir sie mit einfachen Tricks veganisieren konnten.

Unsere Liebe zum Kochen und dem gemeinsamen Schlemmen mit den Liebsten haben wir ganz klar unseren Wurzeln zu verdanken. Wir waren schon immer fasziniert davon, mit wie viel Hingabe und Leidenschaft in unserem Elternhaus gekocht wurde und wie sehr Kochen und Genuss miteinander verschmolzen sind. Das gemeinsame Essen und Lachen mit den Liebsten gehören genauso dazu wie das eigentliche Kochen.

In diesem Buch möchten wir dieses Lebensgefühl mit euch teilen und laden euch herzlich ein, unsere spanische Heimatküche mit leckeren, veganen Tapas kennenzulernen!

Wir zeigen euch, wie vielseitig die pflanzliche Ernährung ist und dass man niemals auf das geliebte Seelenfutter verzichten muss! Die folgenden Rezepte sind ideal kombinierbar für einen Tapas-Abend mit der Familie und Freunden und eignen sich auch als Snack für ein kleines bisschen Urlaubsfeeling in der heimischen Küche. Die Tapas sind auf der wunderschönen Keramik von Motel a Miio serviert, zu sehen sind die Kollektionen Turmalina, Cordoama, Sesimbra, Lua und Madeira.

Tapas veganas

Spanische Tapas werden traditionell in Tapas-Bars zu einem Glas Wein oder Bier gereicht. Sie sind somit kein klassisches Gericht, sondern werden als kleine Häppchen in Schälchen serviert. Ihren Ursprung haben die kleinen Häppchen im Süden Spaniens, heute ist die Tapas-Kultur im ganzen Land etabliert. Sie ist eine soziale Begegnung, in der Genuss und Lebensfreude aufeinandertreffen. „Ir de tapeo" – abends mit Freunden oder Familie durch Tapas-Bars zu ziehen, ist eine beliebte Tradition in Spanien. Diese Tradition leben wir gerne in der heimischen Küche mit unseren Liebsten bei einem ausgiebigen Tapas-Abend am Wochenende.

Es gibt so einige Legenden zur Tapas-Kultur, eine der bekanntesten stammt aus dem 13. Jahrhundert: So sollen die kleinen Häppchen in Kombination mit Wein den spanischen König Alfonso X. von seiner Krankheit geheilt haben.

Ob Tapas wirklich heilende Kräfte haben? Die pflanzliche Variante ist für uns jedenfalls eine gesündere Alternative und nicht zu vergessen aus vielen Gründen auch Balsam für die Seele. Die für uns wichtigste Erkenntnis ist jedoch, dass wir aufgrund unserer Ernährungsform nicht darauf verzichten müssen und unserer Esskultur weiterhin treu bleiben! Auch in Spanien ist die vegane Tapas-Kultur im Kommen und bringt uns neue Inspiration beim Kochen.

Wir möchten euch in unserem Kochbuch gerne zeigen, wie man traditionelle Tapas mit einfachen Zutaten authentisch veganisiert. Dieses Buch ist so aufgebaut, dass die verschiedenen Arten von Tapas in den Kategorien Kalte Tapas, Warme Tapas, Saucen & mehr sowie Nachspeisen geordnet sind. Zudem haben wir einige Tapas-Themen im Kapitel Tapas Variationen vorbereitet. Hier empfehlen wir euch Tapas, die geschmacklich besonders gut harmonieren und sich deshalb perfekt kombinieren lassen.

Für einen einfachen Einstieg möchten wir euch gerne eine kleine Übersicht an Basis-Zutaten an die Hand geben. Hinweis: Für die Anzahl der Zutaten im Rezept haben wir Salz, Pfeffer und Öl ausgelassen.

Frische Zutaten:
Knoblauch, Zwiebeln, Zitrone, Petersilie

Gewürze und Kräuter:
Salz, Pfeffer, Paprika de la vera (geräucherte Paprika), getrocknete Chilis, Rosmarin, Thymian, Lorbeerblätter

Öle und Essig:
Olivenöl nativ extra, Rapsöl nativ, Rapsöl, Weißwein oder Weißweinessig

Tapas frias

Kalte Tapas

Bereit für unseren „Tapeo" (spanisch für eine Tour durch Tapas-Bars)? Wir starten mit kalten Tapas. Die kalten Speisen eignen sich hervorragend zur Vorbereitung eines ausgiebigen Tapas-Abends, da einige von ihnen wunderbar einen Tag vorher zubereitet werden können – oft schmecken sie dann sogar noch intensiver. Für unsere Großmutter haben wir ein traditionelles Gericht mit Chorizo veganisiert.

„Die Tapa con chorizo ist eine wunderbare Abwandlung eines traditionellen Gerichts mit Chorizo und weißen Bohnen aus meiner Heimat in Nordspanien. Die würzige Paprikawurst in Verbindung mit der feinen, weißen Bohnencreme ist eine tolle Kombination. Ich bin begeistert, dass man die traditionelle Chorizo ohne tierische Fette herstellen kann und die vegane Variante zum Verwechseln ähnlich schmeckt."

- Maria del Pilar -

Tapa de chorizo

Brot mit Bohnencreme und Chorizo

10 Min.　　　3 Zutaten　　　4 Portionen

Die Chorizo ist eine herzhafte, sehr würzige Paprikawurst. Eine vegane Alternative gibt es bereits in einigen Bioläden oder in der Drogerie zu kaufen. Wir haben auch ein Rezept für eine selbstgemachte Chorizo auf Basis von Soja-Granulat, schaut hierfür gerne auf Seite 65 vobei.

1 **Baguette**
100 g **weiße Bohnen (gekocht)**
1 **Chorizo (siehe Seite 65)**
1 EL **Olivenöl nativ extra**

1. Das Baguette in dicke Scheiben schneiden und mit Öl in einer Pfanne toasten, herausnehmen und abkühlen lassen.

2. Die gekochten weißen Bohnen abtropfen lassen und mit einem Pürierstab zu einer cremigen Masse verarbeiten.

3. Die Chorizo in Scheiben schneiden.

4. Die Baguette-Scheiben jeweils mit 1-2 TL Bohnencreme einstreichen und 2-3 Scheiben Chorizo-Wurst darauf servieren.

Garbanzos con calabacin

Zucchini Chips mit gerösteten Kichererbsen

15 Min. 6 Zutaten 4 Portionen

2 **Zucchini**
240 g **Kichererbsen (gekocht)**
1 EL **Paprika geräuchert**
1 EL **Paprika edelsüß**
Balsamico-Essig
1 Handvoll **frische Petersilie**
Salz und Pfeffer
2 EL **Rapsöl**

1. Die Zucchini in 2 mm dünne Scheiben schneiden. Eine Pfanne mit Öl erhitzen. Die Zucchinischeiben von jeder Seite jeweils 1 Minute goldbraun anbraten und auf einem Küchentuch o.ä. auslegen.

2. Die Kichererbsen mit den Gewürzen in der Pfanne kurz anrösten und zu den Zucchinichips geben.

3. Mit Salz und Pfeffer abschmecken. Abschließend mit Balsamico-Essig und frischer Petersilie servieren.

Ensalada de tomate

Tomatensalat mit Knoblauch

10 Min.　　　4 Zutaten　　　2 Portionen

4 große **Tomaten**
1 kleine **Knoblauchzehe**
1 **rote Zwiebel**
1 Handvoll **frische Petersilie**
1 TL **Salz**
4 EL **Olivenöl nativ extra**

1. Die Tomaten waschen und in Scheiben schneiden.

2. Die Zwiebel schälen und in Scheiben oder Ringe schneiden. Den Knoblauch ebenfalls schälen und durch eine Knoblauchpresse geben.

3. Die Zwiebel und den Knoblauch mit Olivenöl, Salz und Petersilie vermengen. Auf dem Tomatensalat verteilen.

Tipp: Diese Tapa ist nicht nur superschnell und einfach zubereitet, sie passt super als frischer Salat zu warmen und kohlenhydratreichen Tapas.

Aceitunas marinadas

Marinierte Oliven

25 Min. — 7 Zutaten — 4 Portionen

Diese Tapa empfehlen wir, einen Abend vorher zuzubereiten, damit die Marinade gut einziehen kann. Bei den Kräutern kann man wunderbar je nach Geschmack variieren und die Oliven z.B. auch mit Nüssen verfeinern.

250 g **Oliven, schwarz, grün oder gemischt**
2 **Knoblauchzehen**
Saft einer halben **Bio-Zitrone**
1 TL **Basilikum**
1 TL **Oregano**
1 TL **Rosmarin**
1 **Lorbeerblatt**
1 TL **Salz**
3 EL **Olivenöl nativ extra**

1. Die Knoblauchzehen schälen und in kleine Würfel schneiden. Mit den Kräutern, Öl und dem Saft einer halben Zitrone vermengen.

2. Anschließend die Marinade unter die Oliven heben, in ein sauberes Glas mit Deckel füllen und dieses fest verschließen.

3. Für mindestens 15 Minuten (besser eine Nacht) im Kühlschrank marinieren lassen und 10 Minuten vor dem Servieren aus dem Kühlschrank nehmen.

Ensaladilla Rusa

Kartoffelsalat mit veganem Thunfisch

40 Min.   8 Zutaten   8 Portionen

Der Salat wird klassisch mit Thunfisch zubereitet, wir verwenden stattdessen Kichererbsen. Für die „fischige" Note nehmen wir Nori-Flocken, diese könnt ihr ganz einfach aus Nori-Algenblättern selbst herstellen, indem ihr sie mit dem Pürierstab zerkleinert. Die Nori-Algenblätter findet man in der Regel im Supermarkt bei den asiatischen Spezialitäten.

1 kg **Kartoffeln, festkochend**
80 g **Tiefkühl-Erbsen**
1 große **Möhre**
250 g **vegane Mayonnaise**
240 g **Kichererbsen (gekocht)**
1-2 TL **Nori-Flocken**
1 Handvoll **frische Petersilie**
1 Hand voll **Oliven**
Salz & Pfeffer

1. Die Kartoffeln schälen und in einem Topf zum Kochen bringen. Für ca. 15 Minuten kochen. Sobald sie gar sind, abschöpfen (das Wasser im Topf lassen) und kalt abschrecken. Die Möhren schälen und in Scheiben schneiden, mit den Erbsen in dem Kartoffelwasser ca. 10 Minuten gar kochen.

2. Für den veganen Thunfisch die Kichererbsen abtropfen lassen, mit einer Gabel oder einem Kartoffelstampfer grob zerdrücken und mit 2 TL Mayonnaise sowie 1-2 TL Nori-Flocken vermengen.

3. Die Kartoffeln in kleine Würfel schneiden und mit den Erbsen und Möhren vermengen. Den veganen Thunfisch dazugeben und mit der restlichen Mayonnaise vermengen.

4. Mit Salz und Pfeffer gut abschmecken und abschließend mindestens 20 Minuten im Kühlschrank ziehen lassen.

Mit frischer Petersilie und Oliven servieren.

Espárragos con alioli
Spargel mit Knoblauchcreme

25 Min. 4 Zutaten 2 Portionen

1 Portion **Alioli** (siehe Seite 61)
12 Stangen frischer **Spargel**
1 EL **Margarine**
1 TL **Zucker**
1 TL **Salz**

1. Die Alioli zubereiten und kaltstellen.

2. Spargel waschen und schälen, die Enden abschneiden.

3. Einen tiefen Topf mit Wasser füllen, Salz und Zucker sowie Margarine dazugeben. Zum Kochen bringen und den Spargel in den Topf geben. Je nach gewünschter Konsistenz ca. 10-12 Minuten kochen lassen.

4. Den fertigen Spargel mit Alioli servieren.

Tapas calientes
Warme Tapas

In Ergänzung zu den kalten Tapas reichen wir sehr gerne ein paar Klassiker aus der warmen Küche. Einige Rezepte lassen sich gut vorbereiten und aufwärmen, wie z. B. die Albondigas, die Tortilla (schmeckt auch super lauwarm), das Pisto Manchego oder die Croquetones.

„Das Rezept für die Tortilla Española ist als persönliche Kindheitserinnerung einer meiner Lieblinge. Ein Klassiker, den wir super gerne auch mal sonntags zum Frühstück essen. Das Kartoffelomelett schmeckt sowohl warm als auch kalt. Dank des Schwefelsalzes Kala Namak (DER Ei-Geschmacksersatz) ist die Tortilla nahezu unverwechselbar zur traditionellen mit Ei."

- Natalie -

Tortilla Española

Spanisches Kartoffelomelett

25 Min. 7 Zutaten 4 Portionen

120 g **Kichererbsenmehl**
300 ml **Wasser**
1 **kleine rote Zwiebeln**
400 g **Kartoffeln, festkochend**
1 TL **Kurkuma**
1 TL **Kala Namak**
1 TL **Räuchersalz**
2 EL **Olivenöl nativ extra**

1. Die Kartoffeln schälen und in ganz feine Scheiben schneiden oder hobeln. Die Zwiebel schälen und in kleine Würfel schneiden.

2. In einer mittelgroßen beschichteten Pfanne Öl erhitzen, Zwiebeln und Kartoffeln darin scharf anbraten. Die Hitze herunterstellen und den Deckel für ein paar Minuten auflegen.

3. Das Mehl mit Wasser in einer Schüssel schaumig schlagen und die Gewürze unterrühren. Sobald die Kartoffeln goldbraun gebraten sind, die Kichererbsen-Mischung darüber geben und auf niedriger bis mittlere Stufe mit geschlossenem Deckel backen.

4. Sobald die obere Schicht leicht gestockt ist, den Deckel abnehmen und einen Teller auf die Pfanne legen, um die Tortilla vorsichtig zu wenden. Die Tortilla von dem Teller wieder in die Pfanne gleiten lassen und die andere Seite 3-5 Minuten weiter backen.

Patatas bravas

Kartoffelwürfel mit einer pikanten Salsa

35 Min. 7 Zutaten 4 Portionen

Patatas Bravas – sie sind für viele Veganer oft die Rettung im Restaurant und ein absoluter Tapas-Klassiker. Die Bravas sind schnell zubereitet und eignen sich auch ideal als Beilage für einen spontanen Grillabend.

1 kg **Kartoffeln** (z.B. Drillinge)
1 **rote Zwiebel**
1 EL **Paprika edelsüß**
1 TL **Paprika geräuchert**
1 Prise **Chili-Flocken**
200 g **gehackte Tomaten**
1 Handvoll **frische Petersilie**
Salz und Pfeffer
3 EL **Rapsöl**

1. Die Kartoffeln mit Schale in Würfelchen schneiden, braune Stellen entfernen.

2. Die Würfel in einer Schüssel mit 2 EL Öl und 1-2 TL Salz und Pfeffer würzen. Die Kartoffelwürfel auf einem Backblech verteilen und im vorgeheizten Backofen bei 200° C Ober-/Unterhitze 20-25 Minuten goldbraun backen.

3. Für die Salsa wird zunächst die Zwiebel geschält und klein gehackt. Eine Pfanne mit 1 EL Öl erhitzen, die Zwiebeln mit den Gewürzen scharf anbraten und abschließend die gehackten Tomaten dazugeben. Bei mittlerer Hitze ca. 5 Minuten köcheln lassen, abschmecken und ggf. nachwürzen.

4. Abschließend die Salsa mit einem Pürierstab grob zerkleinern.

5. Die heißen Kartoffelwürfel aus dem Ofen nehmen, die Salsa darüber geben und optional mit fein gehackter Petersilie servieren.

Empanadillas

Herzhafte Blätterteigtaschen mit veganem Thunfisch

45 Min.   8 Zutaten   4 Portionen

1 Packung **Blätterteig**
200 g **gehackte Tomaten**
1 **rote Zwiebel**
1-2 **Knoblauchzehen**
1 **kleine grüne oder rote Paprika**
120 g **Kichererbsen** (gekocht)
2 TL **Nori-Flocken**
5 EL **Aquafaba** (Wasser aus dem Kichererbsenglas)
Salz und Pfeffer
1 EL **Olivenöl nativ extra**

1. Die Zwiebel und Knoblauchzehen schälen und mit der Paprikaschote in kleine Würfel schneiden. Eine Pfanne mit Öl bei mittlerer Stufe erhitzen, die Zwiebeln und den Knoblauch darin glasig dünsten. Die Tomate und Paprika unterheben. Für ca. 5 Minuten bei leichter Hitze köcheln lassen, mit Salz und Pfeffer abschmecken.

2. Für den veganen Thunfisch die Kichererbsen mit einer Gabel grob zerstampfen, Nori-Flocken dazugeben und mit Salz abschmecken. In die Pfanne geben und weitere 5 Minuten köcheln lassen.

3. Blätterteig in sechs Quadrate schneiden (siehe unten). Auf eine Seite pro Quadrat 1-2 EL Füllung geben, Blätterteig zu einem Dreieck schließen und die Ränder mit einer Gabel zusammendrücken.

4. Abschließend das Aquafaba über die Dreiecke pinseln und im vorgeheizten Backofen bei 200 Grad Ober-/Unterhitze ca. 25 Minuten goldbraun backen. Da die Füllung sehr heiß ist, vor dem Servieren etwas abkühlen lassen.

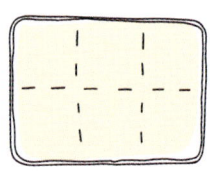   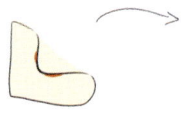 

Albondigas

Hackbällchen in Tomatensauce

35 Min. 13 Zutaten 6 Portionen

Für die Bällchen:

250 g **Kidneybohnen (gekocht)**
60 g **Haferflocken**
50 g **Dinkel-Paniermehl**
1 EL **Senf**
1 EL **Tomatenmark**
1 EL **Oregano**
1 EL **Basilikum**
1 **Knoblauchzehe**
1 kleine **rote Zwiebel**
Salz und Pfeffer
1 EL **Rapsöl**

Für die Sauce:

1 kleine **rote Zwiebel**
2 **Knoblauchzehen**
1-2 EL **italienische Kräuter**
1 **Lorbeerblatt**
400 g **gehackte Tomaten**
1/2 Flasche **passierte Tomaten**
Salz und Pfeffer
1 EL **Rapsöl**

Für die Bällchen:

1. Die Kidneybohnen mit einer Gabel oder einem Kartoffelstampfer grob zerdrücken, Knoblauch und Zwiebeln schälen und in kleine Würfel schneiden. Alle Zutaten miteinander vermengen.

2. Mit den Händen zu kleinen Bällchen formen. Eine Pfanne mit Öl erhitzen und die Bällchen von allen Seiten goldbraun braten.

Für die Sauce:

1. Eine Pfanne mit Öl bei mittlerer Temperatur erhitzen, die Zwiebel schälen, klein hacken und darin glasig dünsten. Die Tomaten dazugeben und mit dem Lorbeerblatt sowie italienischen Kräutern würzen. Knoblauch schälen und kleingehackt hinzufügen.

2. Mit Salz und Pfeffer abschmecken. Die Sauce für 5 Minuten köcheln lassen und die Bällchen dazugeben.

Patatas al limon

Kartoffeln in Zitronen-Vinaigrette

25 Min.   4 Zutaten   4 Portionen

500 g **Kartoffeln, festkochend**
Saft einer halben **Bio-Zitrone**
2-3 **Knoblauchzehen**
1/2 Bund **frische Petersilie**
Salz und Pfeffer
100 ml **Olivenöl nativ extra**
2 EL **Rapsöl**

1. Die Kartoffeln gut waschen, trocknen und in ca. 2-3 mm dicke Scheiben schneiden.

2. Eine Pfanne bei mittlerer Temperatur mit Öl erhitzen und die Kartoffeln darin goldbraun braten. Mit einem Deckel abdecken, ab und an schwenken, damit sie von beiden Seiten gar werden.

3. Während die Kartoffeln garen, die Vinaigrette aus dem Saft einer halben Zitrone, Petersilie, Olivenöl und den gepressten Knoblauch anrühren. Mit Salz und Pfeffer abschmecken.

4. Abschließend die Kartoffelscheiben auf einem Teller servieren und die Vinaigrette darüber träufeln.

Calamares veganos

Vegane Tintenfischringe

25 Min.   7 Zutaten   8 Portionen

Wir lieben Calamares im Sommer, vor allem mit frischer Zitrone und hausgemachter Alioli. Mithilfe von Palmherzen können wir den Klassiker ganz einfach vegan zubereiten. Die Palmherzen findet man in der Feinkostabteilung eines gut sortierten Supermarktes oder im Online-Shop.

Alioli (siehe Seite 61)
220 g **Palmherzen**
2-3 EL **Nori-Flocken**
80 g **Kichererbsenmehl**
1/2 TL **Backpulver**
100 ml **kaltes Wasser**
Bio-Zitrone zum Servieren
Salz und Pfeffer
1 L **Rapsöl zum Frittieren**

1. Eine Schüssel mit dem Kichererbsenmehl, Backpulver und 1/2 TL Salz vorbereiten. Die Nori-Flocken zu der Mehl-Mischung geben und mit kaltem Wasser zu einem homogenen Teig vermengen. Das geht am besten mit einem Rührbesen.

2. Die Palmherzen in ca. 2 mm breite Ringe schneiden und das Fruchtfleisch entfernen.

3. Die kleinen Ringe unter den Teig heben und in einem Topf mit heißem Öl ca. 5 Minuten goldbraun frittieren. Sobald die kleinen Calamari-Ringe goldbraun sind, auf einem Küchentuch o.ä. abtropfen lassen und noch einmal mit etwas Salz und Pfeffer würzen.

Mit frischer Zitrone und selbstgemachter Alioli servieren.

Pimientos de padrón

Bratpaprika

10 Min. 2 Zutaten 4 Portionen

Eine blitzschnelle und köstliche Tapa. Die Pimientos findet man mittlerweile in vielen Supermärkten unter dem Namen „Bratpaprika". Pimientos gehören in der Regel zu den milden Schoten der Chili-Familie, aber der Schärfegrad kann von Schote zu Schote variieren, sodass es am Tisch auch mal etwas feuriger werden kann.

200 g **Bratpaprika**
Grobes Salz
1-2 EL **Olivenöl nativ extra**

1. Die Paprikaschoten waschen und gut trocken tupfen.

2. Das Olivenöl bei mittlerer Temperatur in einer Pfanne erhitzen und die Paprikaschoten darin braten, bis die Haut Blasen wirft. Für ein paar Minuten einen Deckel darauf geben, damit die Schoten gar werden.

3. Abschließend mit Salz bestreuen und auf einem Teller anrichten.

Pisto manchego
Gemüse in Tomatensauce

30 Min. 6 Zutaten 6 Portionen

Das traditionelle Pisto manchego stammt aus der Region La Mancha in Spanien. Die Basis für diese Art Ratatouille bilden Tomaten und Paprika. Alle Zutaten werden in kleine Würfel geschnitten, woher der Name „Pisto" (lat. *pistum* für zerkleinern) abgeleitet ist.

2 große **rote Zwiebeln**
2 **Knoblauchzehen**
1 **grüne Paprikaschote**
1 **rote Paprikaschote**
1 **Zucchini**
400 g **gehackte Tomaten**
Salz und Pfeffer
4 EL **Olivenöl nativ extra**

1. Das Gemüse in kleine Würfel schneiden. Die Knoblauchzehen und die rote Zwiebel schälen und klein hacken.

2. Eine große Pfanne mit Olivenöl bei mittlerer Stufe erhitzen.

3. Knoblauch und Zwiebel in die Pfanne geben und glasig dünsten. Das Gemüse nach und nach dazugeben und bei mittlerer Hitze 15 Minuten köcheln lassen.

4. Mit Salz und Pfeffer abschmecken.

Alcachofas a la Crema

Artischocken in Sahnesauce

20 Min. 5 Zutaten 2-3 Portionen

1 kleine **rote Zwiebel**
1 **Knoblauchzehe**
200 g **Artischockenherzen** (gekocht)
200 ml **pflanzliche Sahne** (Hafer, Mandel o.ä.)
150 ml **Weißwein**
Salz und Pfeffer
1 EL **Olivenöl nativ extra**

1. Die Zwiebel und den Knoblauch schälen und in kleine Würfel hacken. Eine Pfanne mit Öl erhitzen und die Zwiebel sowie den Knoblauch darin glasig dünsten.

2. Die Pfanne mit Weißwein ablöschen. Die Hitze herunterstellen und die Sahne dazugeben.

3. Abschließend die Artischockenherzen gut abtropfen lassen, zur Sauce geben und mit Salz und Pfeffer abschmecken.

Tipp: Die Hafersahne könnt ihr super schnell und einfach selbst zubereiten: Nehmt hierfür 100 g Haferflocken und lasst sie ca. 5 Minuten in 300 ml gekochtem Wasser quellen, bis ein „Haferschleim" entsteht. Anschließend mit 300 ml lauwarmem Wasser 2 Minuten pürieren, 1 EL Rapsöl und 1 TL Salz dazugeben, durch einen Nussmilchbeutel oder ein feines Sieb abgießen und weitere 5 Minuten quellen lassen.

Delicias

Datteln im „Speckmantel"

15 Min.   5 Zutaten   4 Portionen

Einer unserer Lieblinge, wenn wir Tapas essen. Die Speckalternative aus Reispapier ist schnell zubereitet, geschmacksneutral und wird dank der Gewürze zum idealen Ersatz.

250 g **Datteln, entkernt**
10 **Blätter Reispapier**
3 EL **Sojasauce**
1 EL **Paprika geräuchert**
1 EL **Agavendicksaft**
4 EL **Rapsöl**

1. Für den „Speck" wird zunächst die Marinade zubereitet. Hierfür die Sojasauce mit geräucherter Paprika, Agavendicksaft und 2 EL Öl in einer Schüssel verrühren.

2. Die Reispapierblätter in 3 cm breite Streifen schneiden und je zwei Blätter aufeinanderlegen. Die Streifen jeweils in eine Schüssel mit Wasser tauchen, damit sie zusammenkleben.

3. Die Streifen nun mit einem Pinsel von beiden Seiten marinieren.

4. Abschließend je eine Dattel auf die Streifen legen und aufrollen. In einer Pfanne mit 2 EL Öl von beiden Seiten goldbraun braten und heiß servieren.

Pollo al ajillo

Veganes Hähnchen in Knoblauch

15 Min. 7 Zutaten 2 Portionen

Dieser köstliche Klassiker kann dank der vielseitigen Auswahl an veganen Fleischersatzprodukten ganz einfach und traditionell zubereitet werden. Mit ausgewählten Kräutern und der Säure vom Weißwein schmeckt diese Alternative wie das Original.

180 g **veganes Geschnetzeltes, ungewürzt**
60 ml **Sherry oder Weißwein**
3 **Knoblauchzehen**
1 **Lorbeerblatt**
2 EL **frische Petersilie**
1 TL **Thymian**
1 TL **Paprika geräuchert**
Salz und Pfeffer
2 EL **Olivenöl nativ extra**

1. Den Knoblauch schälen und in Scheiben schneiden. Eine Pfanne mit Öl bei mittlerer Stufe erhitzen, den Knoblauch goldbraun braten und herausnehmen.

2. Das Geschnetzelte in der Pfanne mit dem Knoblauchöl scharf anbraten und mit Weißwein oder Sherry ablöschen.

3. Die Pfanne auf kleiner Stufe erhitzen und den Knoblauch, das Lorbeerblatt sowie die Petersilie dazugeben.

4. Abschließend mit Salz, Pfeffer, Thymian und geräucherter Paprika würzen.

Papas arrugadas
Kanarische Kartoffeln

25 Min.   2 Zutaten   4-6 Portionen

Papas sind kanarische Pellkartoffeln mit einer leckeren Salzkruste. Für die runzlige Kruste wurden die Kartoffeln ursprünglich in Meerwasser gekocht, wir verwenden als Ersatz beim Kochen grobes Meersalz. Serviert werden die Papas klassisch mit Mojo verde oder Mojo rojo (siehe Seite 62-63).

1 kg kleine festkochende **Kartoffeln** (z.B. Drillinge)
250 g **grobes Meersalz**

1. Die Kartoffeln gut waschen und in einen Topf geben. Mit Wasser auffüllen, bis alle Kartoffeln soeben überdeckt sind. Das Salz dazugeben und aufkochen lassen.

2. Die Kartoffeln je nach Größe gar kochen. Am Besten nach 10 Minuten schon einmal mit dem Messer reinpiksen, um zu prüfen, wie weit die Kartoffeln sind.

3. Sobald die Kartoffeln gar sind, das Wasser abgießen (einen kleinen Rest im Topf lassen) und die Kartoffeln im Topf auf kleiner Stufe „ausdampfen" lassen. Am besten zwischendurch etwas schwenken, denn die Kartoffeln sollen von allen Seiten trocken werden und nicht anbrennen.

4. Sobald das Wasser verdampft ist, sieht man eine dünne Salzschicht auf den schrumpeligen Kartoffeln. Jetzt sind sie bereit zum Servieren!

Champiñones al ajillo

Champignons in Knoblauchöl

15 Min.   5 Zutaten   4 Portionen

500 g **Champignons**
3 **Knoblauchzehen**
1 TL **Abrieb einer Bio-Zitrone**
1 EL **Weißweinessig**
1 Handvoll **frische Petersilie**
Salz und Pfeffer
100 ml **Olivenöl nativ extra**

1. Die Champignons zunächst reinigen (am besten mit einer Bürste) und anschließend vierteln. Den Knoblauch schälen und in Scheiben schneiden.

2. Eine Pfanne mit Öl erhitzen und die Champignons darin kurz scharf anbraten, den Knoblauch dazugeben und mit Weißweinessig ablöschen. Die Hitze herunterstellen und Zitronenschale dazugeben. Abschließend mit Salz und Pfeffer würzen.

3. Mit Petersilie servieren.

Tipp: Am besten schmecken sie uns frisch zubereitet, heiß aus der Pfanne.

Croquetones de la abuela

Kroketten nach Omas Rezept

60 Min.   8 Zutaten   4 Portionen

1 große **rote Zwiebel**
150 g **frischer Blattspinat**
250 g **Dinkelmehl Type 1050**
500 ml **Pflanzendrink (z.B. Soja)**
1 TL **Muskat**
50 g **Kichererbsenmehl**
130 ml **Wasser**
Dinkel-Paniermehl
1 EL **Salz**
4 EL **Olivenöl**
1 L **Rapsöl** zum Frittieren

1. Die Zwiebel schälen und mit einer Reibe grob raspeln. Eine Pfanne erhitzen und die Zwiebeln darin bei mittlerer Hitze andünsten. Olivenöl und den Spinat dazugeben, bei mittlerer Hitze dünsten.

2. Das Mehl langsam unterheben, nach und nach den Pflanzendrink dazugeben. Die Masse sollte nach ein paar Minuten fester werden (Tipp: In der Pfanne zur Mitte hin schaben, wenn die Masse zusammenbleibt, ist es perfekt). Mit Salz und Muskat würzen.

3. Die Masse nun zum Abkühlen in eine Schüssel legen, glatt streichen und mit einem Tuch bedecken.

4. Für die Panade eine kleine Panierstraße vorbereiten. Hierfür das Kichererbsenmehl mit 130 ml Wasser vermengen sowie eine Schale mit Paniermehl bereitstellen.

5. Jeweils ca. 1 EL der Masse mit den Händen zu einer Krokette formen und in die Kichererbsen-Mischung geben, anschließend im Paniermehl rundum panieren.

6. Eine Pfanne mit Öl erhitzen und die Kroketten darin goldbraun frittieren. Auf einem Küchentuch o.ä. abtropfen lassen.

Chorizo frito

Frittierte Paprikawurst

15 Min.   4 Zutaten   4 Portionen

250 g **Chorizo** (selbstgemacht, siehe Seite 65)
2 **Knoblauchzehen**
1 Schuss **Rotwein oder Sherry**
1 Handvoll **frische Kräuter** (Thymian, Rosmarin, Petersilie)
1 EL **Olivenöl nativ extra**

1. Die Paprikawurst in ca. 3 mm dicke Scheiben schneiden.

2. Eine Pfanne mit Öl erhitzen und die Chorizo darin scharf anbraten.

3. Mit einem Schuss Rotwein oder Sherry ablöschen und die Hitze herunterstellen.

4. Knoblauch schälen, in Scheiben schneiden und mit den frischen Kräutern zu der Chorizo geben.

Verduras en tempura
Gemüse im Backteigmantel

25 Min. 9 Zutaten 6 Portionen

1 Portion **Alioli** (siehe Seite 61)
1 kleine **Zucchini**
1 kleine **Aubergine**
2 **Karotten**
1 kleine **Spitzpaprikaschote**
120 g **Kichererbsenmehl**
2 TL **Backpulver**
180 ml **kaltes Wasser**
1 Prise **Kurkuma**
1 TL **Salz**
1 L **Rapsöl** zum Frittieren

1. Die Aubergine in Scheiben schneiden, Zucchini, Karotten und Paprikaschote in Streifen schneiden.

2. Das Kichererbsenmehl mit Salz, Kurkuma und Backpulver verrühren, kaltes Wasser dazugeben und mit einem Schneebesen zu einem homogenen und klumpenfreien Teig vermengen.

3. In einem kleinen Topf reichlich Öl zum Frittieren erhitzen. Um zu testen, ob das Öl heiß genug ist, einfach einen Holzlöffel in das Fett halten. Wenn sich kleine Bläschen am Holz bilden, ist das Öl bereit zum Frittieren.

4. Gemüsescheiben und -streifen nach und nach durch den Backteig ziehen, am Schüsselrand etwas abstreifen und vorsichtig in den Topf legen. Von beiden Seiten goldbraun frittieren und auf einem Küchentuch o.ä. abtropfen lassen.

Dazu servieren wir gerne selbstgemachte Alioli.

Salsas y más
Saucen und mehr

Was wäre ein Tapas-Abend ohne Alioli? Das Rezept für eine super leckere selbstgemachte Knoblauchcreme sowie weitere Basics findet ihr auf den folgenden Seiten.

„Eine gute Alioli mit warmem, frischgebackenem Brot ist der Start eines gelungenen Tapas-Abends. Dieser Duft erinnert mich immer an unsere ersten Tapas-Touren durch Barcelona, wo wir ganz klassisch mit einem Körbchen Pan con alioli und ein paar leckeren eingelegten Oliven in den Abend gestartet sind.

- Kevin -

Pan

Was wäre eine Alioli ohne Brot?

90 Min.   4 Zutaten   4 Portionen

500 g **Dinkelmehl Type 1050**
Etwas Mehl zum Ausrollen
1/2 Würfel **Backhefe**
300 ml **lauwarmes Wasser**
1 Prise **Rohrzucker**
1 TL **Salz**
2 EL **Olivenöl nativ extra**

1. Das Mehl mit Salz, Zucker und Olivenöl in eine Schüssel geben und mit 200 ml lauwarmem Wasser vermengen. Die Hefe in 100 ml lauwarmem Wasser auflösen und dazugeben.

2. Die Masse mit dem Knethaken oder den Händen zu einem Teig kneten und anschließend mit einem Küchentuch abgedeckt eine Stunde ruhen lassen.

3. Nach einer Stunde den Teig aus der Schüssel nehmen, zu gleich großen Teilen kleine Baguettes formen und längs einschneiden. Etwas Mehl zur Hilfe nehmen, wenn der Teig sehr klebrig ist.

4. Die Baguettes auf einem Backblech mit Backpapier auslegen. Im vorgeheizten Backofen bei 200° C Ober-/Unterhitze 20 Minuten backen.

Alioli

Der Klassiker: Knoblauchmayonnaise

25 Min. 4 Zutaten 4 Portionen

Einer DER klassischen Dips aus der spanischen Küche ist die hausgemachte Alioli. Die vegane Variante kann auch an heißen Tagen ohne Sorge serviert werden, da keine schnell verderblichen Zutaten wie bei der klassischen Variante mit Ei verarbeitet werden.

6 EL **Aquafaba** (Wasser aus dem Kichererbsenglas)
1-2 TL **mittelscharfer Senf**
1 **Knoblauchzehe**
Saft einer halben **Bio-Zitrone**
Salz
250 ml **Rapsöl nativ**

Alternative zum Aquafaba: 100 ml Sojadrink, ungesüßt

1. Das Aquafaba in einem hohen, schmalen Gefäß pürieren, den Pürierstab dabei hoch und runterziehen, sodass das Aquafaba aufschäumt.

2. Langsam das Öl dazugeben und dabei weiterhin mit dem Pürierstab aufschäumen, bis eine feste Konsistenz entsteht.

3. Den Knoblauch schälen, dazugeben und erneut mit dem Pürierstab verarbeiten.

4. Mit Senf, Zitronensaft sowie Salz abschmecken.

5. Vor dem Servieren mindestens 15 Minuten kühl stellen.

Tipp: Um die Kichererbsen direkt weiter zu verarbeiten, empfehlen wir dir das Rezept Garbanzos con calabacin (siehe Seite 14). Auch als Toppping zum Salat oder für Eintöpfe lassen sich die Kichererbsen gut verwenden.

Mojo verde
Grüne Sauce

10 Min. 5 Zutaten 4 Portionen

3 **Knoblauchzehen**
1 Bund **frische Petersilie**
1 **grüne Paprika**
1 TL **Kreuzkümmel**
30 ml **Weißweinessig**
Salz und Pfeffer
120 ml **Olivenöl nativ extra**

1. Zunächst den Knoblauch schälen und mit der Hand oder mit einem Messer plattdrücken, die Petersilie klein hacken. Die Paprika vierteln, den Knoblauch mit Salz und Essig vermengen.

2. Alle Zutaten mit der Petersilie in einem Gefäß zu einer homogenen Masse pürieren, hierfür Öl nach und nach dazugeben. Die Mojo abschmecken (gegebenenfalls nachwürzen) und im Kühlschrank aufbewahren.

Tipp: Am besten serviert ihr die Mojo ganz klassisch zu den Papas Arrugadas (Kanarische Kartoffeln, siehe Seite 49).

Mojo rojo

Scharfe kanarische Sauce

10 Min.   9 Zutaten   4 Portionen

1 **rote Paprika**
4 **Knoblauchzehen**
200 g **geröstete Paprika**
1 TL **Kreuzkümmel**
1 TL **Paprika geräuchert**
1 TL **Oregano**
100 g **Mandeln**
2 EL **Dinkel-Paniermehl**
2 EL **Weißweinessig**
Salz
70 ml **Olivenöl nativ extra**

1. Die frische Paprika grob würfeln. Die Knoblauchzehen schälen und vierteln.

2. Alle Zutaten in einem Gefäß zu einer homogenen Masse pürieren, hierfür Öl nach und nach dazugeben.

3. Die Mojo abschmecken (gegebenenfalls nachwürzen) und im Kühlschrank aufbewahren.

Chorizo
Paprikawurst

45 Min.   9 Zutaten   4 Portionen

Chorizo ist eine sehr würzige, grobkörnige Paprikawurst. Es gibt mittlerweile viele vegane Ersatzprodukte, die selbstgemachte Paprikawurst schmeckt uns jedoch am besten. Mithilfe des Soja-Granulats erhält man auch die typische Textur der originalen Chorizo.

70 g **feines Soja-Granulat**
200 ml **Gemüsebrühe**
15 g **Paprika geräuchert**
15 g **Maisstärke**
10 g **Dinkelmehl Type 1050**
1 TL **Oregano**
1 TL **Kreuzkümmel**
2 TL **Worcestersauce**
2 **Knoblauchzehen**
1 TL **Salz**
2 EL **Olivenöl nativ extra**

1. Zunächst das Soja-Granulat mit der Gemüsebrühe auffüllen und 20 Minuten quellen lassen. Die überschüssige Flüssigkeit mit einem Sieb auswringen.

2. Das Soja-Granulat nun mit allen weiteren Zutaten vermengen. Aus dem Teig eine Wurst mit ca. 4 cm Durchmesser formen und mit Backpapier einrollen.

3. Im vorgeheizten Backofen bei 180 Grad Ober-/Unterhitze für 30 Minuten backen.

4. Nach der Backzeit abkühlen lassen und danach für mindestens 30 Minuten in den Kühlschrank oder die Gefriertruhe stellen.

Übrigens! Wenn wir mal mehr Chorizo vorbereiten, machen wir damit auch super gerne ein typisch spanisches Nudelgericht: Macarrones con chorizo. Dieser Nudelauflauf wird mit Chorizo und Tomatensauce gemacht und mit einer Käsealternative überbacken. Schau hierzu gerne auch auf unserem Instagram-Kanal Panekowski vorbei!

Almendras fritas

Geröstete Mandeln mit Meersalz

15 Min.   3 Zutaten   4 Portionen

200 g ganze **Mandeln**
1 TL **Paprika geräuchert**
1 EL **Meersalz oder Olivensalz**
1 EL **Olivenöl nativ extra**

1. Die Mandeln auf einem Backblech verteilen und im vorgeheizten Backofen bei 190 Grad Ober-/Unterhitze 8 Minuten backen.

2. Eine Schüssel mit Olivenöl, Salz und Paprikapulver vorbereiten, grob zerdrücken und die Mandeln dazugeben. Alles gut vermengen und servieren.

Variaciones de tapas

Tapas-Variationen

In diesem Kapitel empfehlen wir euch Tapas-Kombinationen, die geschmacklich besonders gut zueinander passen. Die Variation „Vamos al mar" etwa bringt euch mit den veganen Calamares und Empanadillas dem Meer näher. Damit ihr direkt loslegen könnt, haben wir auf den folgenden Seiten Einkaufslisten für euch vorbereitet.

Tipp: Wir trinken sehr gerne Tinto de Verano, den „Rotwein des Sommers", zu den Tapas. Dieses erfrischende Getränk wird mit nur drei Zutaten zubereitet. Für ein Glas mischt ihr 1/2 Glas Bio-Rotwein (hier gibt es bereits einige vegane Sorten) mit 1/2 Glas kohlensäurehaltiger Zitronenlimonade und 2-3 Eiwürfeln. Besonders fruchtig und schön anzusehen wird der Drink, wenn man noch eine Scheibe Bio-Orange hinzufügt.

Champiñones al ajillo (S. 50)

500 g Champignons
3 Knoblauchzehen
1 TL Abrieb einer Bio-Zitrone
1 EL Weißweinessig
1 Handvoll frische Petersilie
Salz und Pfeffer
100 ml Olivenöl nativ extra

Garbanzos con calabacin (S. 14)

2 Zucchini
240 g Kichererbsen (gekocht)
1 EL Paprika geräuchert
1 EL Paprika edelsüß
Balsamico-Essig
1 Handvoll frische Petersilie
Salz und Pfeffer
2 EL Rapsöl

Pollo al ajillo (S. 46)

180 g veganes Geschnetzeltes, ungewürzt
60 ml Sherry oder Weißwein
3 Knoblauchzehen
1 Lorbeerblatt
2 EL frische Petersilie
1 TL Thymian
1 TL Paprika geräuchert
Salz und Pfeffer
2 EL Olivenöl nativ extra

Alioli (S. 61)

6 EL Aquafaba (Wasser aus dem Kichererbsenglas)
Alternative zum Aquafaba: 100 ml Sojadrink, ungesüßt
2 TL mittelscharfer Senf
1 Knoblauchzehe
Zitronensaft
Salz
250 ml Rapsöl nativ

Pimientos de padrón (S. 38)

200 g Bratpaprika
Grobes Salz
1-2 EL Olivenöl nativ extra

Patatas bravas (S. 29)

1 kg Kartoffeln (z.B. Drillinge)
1 rote Zwiebel
1 EL Paprika edelsüß
1 TL Paprika geräuchert
1 Prise Chili-Flocken
200 g gehackte Tomaten
1 Handvoll frische Petersilie
Salz und Pfeffer
3 EL Rapsöl

Einkaufsliste für einen Tapas-Abend am Meer

Ensaladilla Rusa (S. 21)

1 kg **Kartoffeln, festkochend**
80 g **Tiefkühl-Erbsen**
1 große **Möhre**
250 g **vegane Mayonnaise**
240 g **Kichererbsen (gekocht)**
1-2 TL **Nori-Flocken**
1 Handvoll **frische Petersilie**
1 Handvoll **Oliven**
Salz und Pfeffer

Calamares (S. 37)

Alioli (siehe Seite 61)
220 g **Palmherzen**
2-3 EL **Nori-Flocken**
80 g **Kichererbsenmehl**
1/2 TL **Backpulver**
100 ml **kaltes Wasser**
Bio-Zitrone zum Servieren
Salz und Pfeffer
1 L **Rapsöl zum Frittieren**

Empanadillas (S. 30)

1 Packung **Blätterteig**
200 g **gehackte Tomaten**
1 **rote Zwiebel**
1-2 **Knoblauchzehen**
1 **kleine grüne oder rote Paprika**
120 g **Kichererbsen (gekocht)**
2 TL **Nori-Flocken**
5 EL **Aquafaba** (Wasser aus dem Kichererbsenglas)
Salz und Pfeffer
1 EL **Olivenöl nativ extra**

Patatas al limon (S. 34)

500 g **Kartoffeln, festkochend**
Saft einer halben **Bio-Zitrone**
2-3 **Knoblauchzehen**
1/2 Bund **frische Petersilie**
Salz und Pfeffer
100 ml **Olivenöl nativ extra**
2 EL **Rapsöl**

Alioli (S. 61)

6 EL **Aquafaba** (Wasser aus dem Kichererbsenglas)
1-2 TL **mittelscharfer Senf**
1 **Knoblauchzehe**
Saft einer halben **Bio-Zitrone**
Salz
250 ml **Rapsöl nativ**
Alternative zum Aquafaba:
100 ml **Sojadrink, ungesüßt**

Ensalda de tomate (S. 17)

4 große **Tomaten**
1 kleine **Knoblauchzehe**
1 **rote Zwiebel**
1 Handvoll **frische Petersilie**
1 TL **Salz**
4 EL **Olivenöl nativ extra**

Albondigas (S. 33)

250 g **Kidneybohnen (gekocht)**
60 g **Haferflocken**
50 g **Dinkel-Paniermehl**
1 EL **Senf**
1 EL **Tomatenmark**
1 EL **Oregano**
1 EL **Basilikum**
3 **Knoblauchzehen**
2 kleine **rote Zwiebeln**
1-2 EL **italienische Kräuter**
1 **Lorbeerblatt**
400 g **gehackte Tomaten**
1/2 Flasche **passierte Tomaten**
Salz und Pfeffer
2 EL **Rapsöl**

Mojo verde (S. 62)

30 ml **Weißweinessig**
1 **grüne Paprika**
3 **Knoblauchzehen**
1 Bund **frische Petersilie**
1 TL **Kreuzkümmel**
Salz und Pfeffer
120 ml **Olivenöl nativ extra**

Papas arrugadas (S. 49)

1 kg kleine festkochende **Kartoffeln** (z.B. Drillinge)
250 g **grobes Meersalz**

Delicias (S. 45)

250 g **Datteln, entkernt**
10 Blätter **Reispapier**
3 EL **Sojasauce**
1 EL **Paprika geräuchert**
1 EL **Agavendicksaft**
4 EL **Rapsöl**

Aceitunas marinadas (S. 18)

250 g **Oliven, schwarz, grün oder gemischt**
2 **Knoblauchzehen**
Saft einer halben **Bio-Zitrone**
1 TL **Basilikum**
1 TL **Oregano**
1 TL **Rosmarin**
1 **Lorbeerblatt**
1 TL **Salz**
3 EL **Olivenöl nativ extra**

Einkaufsliste für einen herzhaften Tapas-Abend am Olivenfeld

Postres
Nachtisch

Nach den zahlreichen deftigen Leckereien darf ein süßer Abschluss nicht fehlen. Unser geheimer Favorit hier ganz klar: Churros. Dieses Rezept war uns besonders wichtig zu veganisieren, da die Churros unsere Mama an ihre Heimatstadt Madrid erinnern.

‚Von Madrid in den Himmel', sagen wir Madrilenen.
Die Churros genießen wir zum Frühstück, nach einer durchgefeierten Nacht oder zum Kaffee mit einer dickflüßigen Trinkschokolade in Tassen, ganz klassisch zum Eintunken. Einfach himmlisch!"

- Maria Lourdes -

Chocolate con churros
Die süße Sünde aus Brandteig

30 Min.   7 Zutaten   4 Portionen

500 ml **Wasser**
2 EL **Margarine**
240 g **Dinkelmehl Type 630**
100 g **Zucker**
1 Päckchen **Vanillezucker**
100 g **Zucker** (zum Panieren)
2 EL **Zimt** (zum Panieren)
250 g **Schokolade** deiner Wahl
1L **Öl** zum Frittieren

1. Zunächst das Wasser mit Margarine, Zucker und Vanillezucker in einem großen, tiefen Topf aufkochen.

2. Sobald das Wasser aufgekocht ist, das Mehl dazugeben und den Topf vom Herd nehmen. Den Teig mit einem Holzlöffel solange rühren, bis sich der Teig vom Topfrand löst und ein klümpchenfreier Teigkloß entsteht.

3. Einen Spritzbeutel mit einer Sterntülle bestücken und den Brandteig einfüllen. Das Öl in einem tiefen Topf zum Frittieren des Gebäcks erhitzen. Um zu prüfen, ob das Öl heiß genug ist, einfach einen Holzlöffel in das Fett halten. Wenn sich kleine Bläschen am Holz bilden, hat das Öl die richtige Temperatur.

4. Die Streifen (ca. 15 cm Länge) in das heiße Fett legen und mit einem Spatel abtrennen. Passt dabei bitte gut auf, dass ihr euch nicht am spritzenden Fett verbrennt! Ca. 2 Minuten goldbraun frittieren und anschließend mit einer Schöpfkelle auf ein Küchentuch legen.

5. Eine kleine Panierstraße mit Zucker und Zimt vorbereiten, die Churros darin einmal rundum wenden.

6. Die Schokolade im Wasserbad erhitzen und und mit den Churros zusammen genießen.

Gató de almendra

Mallorquinischer Mandelkuchen

40 Min.   11 Zutaten   6-8 Portionen

In Erinnerung an wunderschöne Momente mit Freunden, die auf Mallorca leben, haben wir diesen köstlichen Mandelkuchen veganisiert. Der Kuchen ist schnell und einfach zubereitet, wird gerne mit einem Kaffee oder zur späteren Stunde mit einem Carajillo (Espresso mit Likör) serviert.

Für eine 26 er Springform:

100 g **Rohrzucker**
1/2 Päckchen **Bourbon Vanille**
1 Päckchen **Backpulver**
150 g **Dinkelmehl Type 630**
150 g **gemahlene Mandeln**
2 EL Abrieb einer **Bio-Zitrone**
2-4 Tropfen **Bittermandel-Aroma**
150 ml **Mandeldrink**, ungesüßt
150 ml **Mineralwasser**
1-2 EL **Orangenlikör**
1 Prise **Salz**
4 EL **Rapsöl**

Zum Servieren:
2 EL **Puderzucker**

1. Alle trockenen Zutaten in einer Schüssel miteinander vermengen. Die flüssigen Zutaten dazugeben und anschließend mit einem Rührbesen kurz zu einem glatten Teig verrühren.

2. Eine Springform mit etwas Öl einfetten und den Teig darin verteilen.

3. Im vorgeheizten Backofen bei 180° C Ober-/Unterhitze für 30 Minuten backen (Stäbchenprobe nicht vergessen).

4. Sobald der Kuchen etwas abgekühlt ist, aus der Springform lösen und den Kuchen mit Puderzucker bestäuben.

Parfait de almendras
Halbgefrorenes Mandeleis

30 min
(4h Kühlzeit)

7 Zutaten

8 Portionen

Für eine Kastenform (25 cm):

200 g **Mandeln**
150 g **Zucker**
500 g **Mandeljoghurt**
200 ml **pflanzliche Schlagcreme**
2 Tropfen **Bittermandel-Aroma**
3-4 EL **Puderzucker**

Zum Servieren:
Eine Handvoll **Himbeeren**

1. Die Mandeln grob hacken. Zucker in einer Pfanne auf mittlerer Stufe erhitzen, bis er eine goldgelbe Farbe annimmt und anfängt zu karamellisieren. Die Mandeln unterheben.

2. Die karamellisierten Mandeln auf einem Backpapier o.ä. abkühlen lassen und anschließend mit einem scharfen Messer klein hacken.

3. Pflanzliche Schlagcreme mit einem Handrührgerät oder mit einer Küchenmaschine steif schlagen. Das kann bis zu 4 Minuten dauern. Vorsichtig den Joghurt, Puderzucker und das Bittermandel-Aroma unterheben.

4. Die karamellisierten Nüsse (ca. 150 g) unter die Creme heben.

5. Eine Kastenform mit Backpapier o.ä. auskleiden und die Mischung darin verteilen. Das Parfait mindestens 4 Stunden abgedeckt im Tiefkühler gefrieren lassen.

6. Zum Servieren die Form von außen etwas erwärmen und auf einem Teller stürzen. Mit den restlichen karamellisierten Mandeln bestreuen und mit den Himbeeren dekorieren.

Crema catalana

Dessertcreme mit knuspriger Karamellschicht

30 Min.   6 Zutaten   4 Portionen

500 ml **Mandeldrink**, ungesüßt
200 g **Zucker**
2 EL **Speisestärke**
1 Stange Zimt
Schale einer halben **Bio-Zitrone**
Schale einer halben **Bio-Orange**
(Wichtig: Weiße Schalenreste entfernen, sonst wird's bitter)

1. Für die Creme zunächst 300 ml Mandeldrink mit 100 g Zucker aufkochen lassen. Die Zitronen- und Orangenschale dazugeben und 15 Minuten zur Seite stellen.

2. Nach 15 Minuten die Zitronen- und Orangenschale sowie die Zimtstange herausnehmen.

3. Die Speisestärke mit dem restlichen Mandeldrink (200 ml) in einer kleinen Schale mit dem Schneebesen glattrühren und alles zusammen im Topf unter ständigem Rühren aufkochen lassen.

4. Wenn die Creme eine puddingartige Konsistenz hat, in kleine Schälchen füllen, abkühlen lassen und danach in den Kühlschrank stellen.

5. Nach mindestens 1 Stunde Kühlzeit den restlichen Zucker auf den Cremes verteilen und mit einem Flambierbrenner oder im Ofen karamellisieren lassen.

Tarta de queso de la viña

Käsekuchen aus dem Weinberg

120 Min. 9 Zutaten 6 Portionen

Der berühmte baskische Käsekuchen wird schon seit knapp 30 Jahren in San Sebastián im Restaurant La Viña serviert. Wir haben unserer veganen Interpretation des Käsekuchens noch ein Gewand aus knusprigem Keksteig gegönnt.

Für eine kleine Springform (18 cm):

Der Boden:
200 g **Dinkelmehl Type 630**
100 g **Rohrzucker**
120 g **Margarine (kalt)**
1 TL **Backpulver**

Die Füllung:
400 g **Soja-Joghurt Vanille**
50 g **Rohrzucker**
Abrieb einer halben **Bio-Zitrone**
1 Packung **Vanillezucker**
120 g **vegane Butter**
1 Packung **Puddingpulver Vanille**

1. Der Boden: Alle Zutaten mit einem Knethaken oder den Händen zu einem Streuselteig verarbeiten. In einer eingefetteten kleinen Springform den Teig mit den Fingern am Boden sowie rundum am Rand festdrücken. Die Springform für 15 Minuten in den Tiefkühler oder 60 Minuten in den Kühlschrank stellen.

2. Die Füllung: Die Butter schmelzen und gut abkühlen lassen. Danach alle Zutaten zu einem cremigen Teig vermengen. Sobald der Boden ausgekühlt ist, die Füllung dazugeben.

3. Im vorgeheizten Backofen auf der mittleren Stufe bei 160 Grad Umluft 75 Minuten backen.

4. Nach dem Backen vollständig auskühlen lassen und dann für mindestens 2 Stunden im Kühlschrank kaltstellen. Am besten einen Tag vorher zubereiten, damit der Kuchen richtig schön fest wird.

Turrón con pistachos
Mandelnougat mit Pistazien

75 Min.   6 Zutaten   6 Portionen

Turrón ist eine köstliche Süßigkeit, die in Spanien zur Weihnachtszeit nicht fehlen darf. Der Mandelnougat stammt aus dem 15. Jahrhundert, und da er sehr teuer in der Herstellung war, hat man Turrón nur an besonderen Anlässen gegessen. Vom Turrón gibt es zahlreiche Variationen. Die Basis sind gemahlene Mandeln, wir haben unsere Variante noch mit Pistazien verfeinert. Die Masse wird in einer kleinen Form zubereitet, sodass längliche, rechteckige Tafeln entstehen.

Für eine kleine rechteckige Form (ca. 15 x 21 cm):

100 g **gemahlene Mandeln**
75 g **Puderzucker**
25 g **Dattelsirup oder Agavendicksaft**
2 EL **Aquafaba** (Wasser aus dem Kichererbsenglas)
1 TL Abrieb einer **Bio-Zitrone**
1 Handvoll **Pistazienkerne**

1. Zunächst das Aquafaba in einem hohen Gefäß mit einem elektrischen Handrührgerät zu einem Eischnee verarbeiten.

2. Die restlichen Zutaten miteinander vermengen und den Eischnee langsam unterheben.

3. Abschließend die Pistazienkerne dazugeben und die Masse in einer kleinen Auflaufform o.ä. verteilen und glattstreichen.

4. Für mindestens 1 Stunde im Tiefkühler fest werden lassen und eine halbe Stunde vor dem Servieren herausstellen, um den Nougat schneiden zu können.

¡Gracias!

Wir bedanken uns von ganzem Herzen bei unseren Liebsten:
Familie & Freunden.

Ein besonderer Dank geht an unsere Mama.
Maria hat uns während der gesamten Entwicklung des Kochbuchs mit Rat und Kochlöffel zur Seite gestanden! Gemeinsam haben wir einige Tage in der Küche verbracht, getüftelt, gelacht, gekocht und fotografiert.

Danke für deinen unermüdlichen Einsatz, sei es bei der Rezeptentwicklung oder auch beim gemeinsamen Probieren… (Wir haben gemeinsam mindestens 1 kg Alioli zubereitet, immer wieder kritisch hinterfragt und abgeschmeckt, um das bestmögliche vegane Rezept für euch zu kreieren – denn eine gute Alioli ist der Anfang eines guten Tapas-Abends)!

Ein herzlicher Dank für viele traditionelle Rezepte geht an unsere spanische Abuela (Großmutter) Maria del Pilar, die uns sehr inspiriert hat.

Vielen Dank an unsere Lieben, insbesondere unsere „Panekowski-Testcrew", die uns bei der Entwicklung unseres Herzensprojekt zur Seite stand und viele Rezepte
auf Herz und Nieren geprüft hat.

Lieben Dank an das Team von Motel a Miio für die wunderschöne Keramik, wir hatten sehr viel Freude daran, unsere Tapas und Desserts darauf anzurichten.